Inhalt:

Mit Volldampf nach China

Hudson Taylor
Der Mann, der ein unbekanntes Volk gewann

1832–1905

Große Männer und Frauen haben es nicht nötig,
von uns gelobt zu werden.
Wir sind es, die es nötig haben, sie kennenzulernen.

Von Marlee Alex

Illustrationen von Giuseppe Rava

Verlag der Liebenzeller Mission

Lahr

Sturm auf dem Meer

Ein dünner, großer Mann stand an der Reling eines Segelschiffes und schaute hinaus auf das offene Meer. Ich kann es kaum erwarten, nach China zu kommen, dachte der junge Mann. Vor Aufregung lief es ihm kalt den Rücken hinunter. Herr, schicke uns guten Wind. Bringe dieses Schiff nach Osten. Im Wind kann ich fast die Rufe des chinesischen Volkes hören. Sie haben noch nie das Wort Gottes gehört. Noch nicht einmal den Namen Jesus. Ich gehe hinein in das große Kaiserreich und werde der erste protestantische Missionar sein, der ihnen das Evangelium bringt. Blase, Wind, blase und bringe uns nach China.

Während der Morgen verging und der Mann weiterhin an der Reling hin- und herlief, wurde die See rauher. Seine Gebete um eine sichere Reise schienen im Schaum der wilden Wogen verlorengegangen zu sein. Schließlich kämpfte er sich zur Brücke hinauf. Die Wogen türmten sich über den Männern der Mannschaft, die an Deck die Segel bedienten. Kaltes Wasser krachte mit der Stärke eines Wirbelsturmes gegen den Bug, zersplitterte fast die Balken und drohte, die Matrosen in das tosende Meer hinauszuspülen.

»Wie weit sind wir von der Küste entfernt?« schrie er über das Tosen des Meeres hinweg.

Kapitän Morris kämpfte gerade mit dem Segel und horchte darauf, ob das Holz zu bersten drohte. Sein Schiff, die Dumfries, hob sich steil aus dem schwarzgrauen Wasser, legte sich dann zurück und segelte mit großer Geschwindigkeit weiter. »Nicht sehr weit«, rief Morris zurück. »Das ist der schlimmste Sturm, den ich je erlebt habe. Wir segeln auf einen steinigen Strandwall zu. Ich kann das Schiff nicht herumreißen!«

Der junge Mann kroch unter Deck. Von dem starken Schlingern des Schiffes wurde er in seiner Kabine hin und her geworfen. Er fischte einen Stift aus seinem Schreibtisch und kritzelte klar seinen Namen – HUDSON TAYLOR – in ein Notizbuch, das er dann fest in

seiner Jacke verankerte. Vielleicht können sie so wenigstens meinen Körper für meine Eltern identifizieren, wenn sie ihn finden, dachte er. Er kämpfte gegen seine Angst an und trauerte schon um den Verlust seines Traumes – den Menschen im Inneren Chinas das Evangelium von Jesus Christus zu bringen.

Jahre der Vorbereitung im Meer begraben, dachte er. Alles, wofür ich gearbeitete habe, umsonst. Er kletterte wieder auf das schlüpfrige Deck.

Dort sah Taylor sofort, daß das schlingernde, schaukelnde Schiff nur noch zwei Schiffslängen von der steinigen Küste entfernt war. Kapitän Morris zog wie ein Verrückter am Segel. Taylor griff nach einem dicken Tau und hielt es fest. Werde ich China nie sehen? dachte er. Wird das das Ende meines Traumes sein? In dem eisigen Chaos erinnerte er sich an die Vergangenheit und ließ Bilder seiner Kindheit vor seinem inneren Auge entstehen, Bilder von Barnsley in England . . .

Kindheitserinnerungen

»Du kommst schon wieder zu spät, Hudson!« rief sein Vater, James Taylor, aus.

Der fünfjährige Junge zitterte ein wenig, als er in seinen Stuhl zwischen seinen beiden Schwestern am Tisch kletterte. Er wußte, daß es nicht erlaubt war, zu spät zum Essen zu kommen. Aber Mr. Taylor sagte nur: »Es wird nicht noch einmal vorkommen, nicht wahr, mein Sohn?«

»Nein, Vater«, erwiderte Hudson.

»Dann laßt uns jetzt Gott für das Essen danken. Nach dem Essen, Hudson, werden du und ich noch eine Stunde lang zusammen in der Apotheke arbeiten und danach vor dem Tee unsere Lateinstunde beginnen. Du wirst ihn zubereitet haben, liebe Amelia?«

Manchmal störten Hudson die strengen Regeln seiner Eltern, aber er liebte sie trotzdem sehr. Durch sie er-

lebte er Sicherheit und Liebe, auch wenn sie so streng auf Ordnung achteten.

Hudsons Zuhause war voller Wärme: das ordentliche Wohnzimmer mit den glühenden Öllampen, Tee- und Mürbekuchen zum nachmittäglichen Tee, der gebeugte Kopf seines Vaters bei den langen Gebeten am Frühstückstisch. Gebete schienen ihm immer viel zu lang, als daß sie ein kleiner unruhiger Junge aushalten könnte. Aber in dem Geschäft seines Vaters, wo Apothekerflaschen in allen Farben und Formen in den Regalen standen, konnte sich Hudsons Fantasie voll entfalten. Er sah seinem Vater gerne beim Mischen, Zerstoßen und Einwickeln der verschiedenen Medikamente zu.

An den Nachmittagen saßen Hudsons Schwestern mit gerunzelter Stirn neben ihm über den Büchern, während sie Sprachen, Geschichte und Mathematik lernten. Aber am besten gefielen ihm die langen Winterabende vor dem Kohlenfeuer. Die Stimmen seiner Eltern und ihrer Freunde tönten weiter und immer weiter, begleitet von dem leisen Klingen des Teegeschirrs aus Porzellan. Als Junge fiel Hudson oft in den Schlaf, während er zuhörte, wie die Erwachsenen über Theologie, Politik und den Dienst innerhalb der methodistischen Kirche diskutierten.

»Lerne deine Bibel über alles lieben«, sagte Hudsons Vater oft zu ihm. »Gott läßt dich nie im Stich.« Oft führte er seinen Sohn hinüber zu dem hohen Bücherregal mit den Türen aus Glas. Mr. Taylor nahm dann ein Buch nach dem anderen heraus, oft aus der Kollektion von Büchern über China. »Wer hat das Schießpulver erfunden?« fragte er dann. »Den Kompaß? Papier? Die Druckerkunst? Welches Volk dieser Erde lebt in einem uralten Reich, das hundertmal so groß ist wie England?«

Hudson wußte jedesmal die Antwort. »Die Chinesen«, sagte er.

Jetzt kniete der 21jährige Hudson auf dem Deck eines schwankenden Schiffes und rief Gott ums Überleben an und um sichere Fahrt zu dem Land, das er so gerne sehen wollte. Seine Erinnerungen gaben ihm Kraft, und er dachte an den Moment, an dem er von Gott nach China gerufen wurde.

Hudson erhält einen Ruf

»Dein Vater ist ein alter religiöser Fanatiker!« sagte ein Junge zu Hudson.

Hudson öffnete die Bücher der Barnsley Bank und begann die Zahlen zu addieren und die Konten einzutragen. Obwohl er erst 15 Jahre alt war, wohnte er schon alleine und verdiente sich seinen Lebensunterhalt.

»Alle Christen sind Heuchler«, sprachen seine Freunde weiter. »Du mußt dein eigenenes Leben leben, Hudson. Warum gibst du dich weiter mit dem altmodischen Gott deines Vaters ab?«

Hudson tat so, als ob ihm das nichts ausmachte. Aber er dachte, es ist wahr, Vaters Gebete und die ganze Kirchensprache kommen mir so albern vor! Ich habe es so satt.

Trotzdem konnte sich Hudson nicht vom leisen Werben Gottes losreißen. Schließlich traf er seine Entscheidung und sagte zu den Jungen: »Ich werde das glauben, was ich will. Gott ist der weiseste Weg. Er läßt mich nie im Stich.«

Aber Hudson war sich nicht so sicher, ob er nicht doch nur die Worte seines Vaters nachplapperte. Es ist nicht mein Glaube oder meine Wahl, sagte er zu sich selbst. Außerdem ist der Gottesdienst langweilig, und ich muß dort nicht mehr hin, da ich ja nicht mehr zuhause lebe.

Hudson brütete darüber, unsicher, wo genau er nun hingehörte. Er wünschte sich Abenteuer und Herausforderungen, aber er war unglücklich, wenn er die anderen Jungen imitierte und sich an ihren Streichen beteiligte.

Eines Nachmittags, als er siebzehn war, wanderte Hudson in die Bücherei seines Vaters, weil er einen langweiligen Nachmittag zu füllen hoffte. Er nahm eine kleine Evangeliumsbroschüre in die Hand, die aussah, als ob sie eine amüsante Geschichte enthielt. Ich werde die Predigt einfach überspringen, dachte er. Ich habe sie alle schon tausendmal gehört. Aber Hudson irrte sich. Die einfache Wahrheit, die die kleine Geschichte enthielt, machte ihn aufmerksam. Er brauchte die Predigt nicht, Gott sprach persönlich zu ihm, rief ihn zu einem Leben im Glauben.

»Herr, ich nehme Jesus als meinen Erlöser an«, betete Hudson an dem Tag. Als die Monate vergingen, wurden seine Verwirrung und der innere Aufruhr durch Gewißheit und einen klaren Auftrag ersetzt.

Hudson war nicht mehr damit zufrieden, in die Kirche zu gehen und nur dem Namen nach ein Christ zu sein. Er wollte etwas Kühnes tun. Etwas, das noch nie vorher getan worden war. »Ich werde überall hingehen, alles tun, alles ertragen für dich, Herr«, betete er. »Bitte gib mir Gewißheit darüber, was du gerne von mir möchtest.«

Als er betete, konnte er fast Gottes Gegenwart spüren. Es war so, als ob Gott sagte: »Dein Gebet ist erhört, deine Bedingungen sind angenommen. Ich werde dich zu einem harten Leben rufen, das körperlich sehr anstrengend sein wird. Dadurch wirst du lernen, dich auf mich zu verlassen und nicht

auf irgendeinen Menschen.«

Hudson glaubte, daß Gott ihn nach China rief, in das Land, von dem seine Eltern so gerne sprachen. Er entschied sich, sofort mit den Vorbereitungen für den Missionsdienst zu beginnen. Hudson begann seinen Körper abzuhärten und unter den Armen in den schlimmsten Vierteln seiner Heimatstadt zu predigen. Er besuchte die Gassen und Marktplätze, verteilte Evangeliumsbroschüren und predigte aus der Bibel. Je mehr er mit anderen über Jesus sprach, desto näher fühlte er sich Gottes Willen. Aber jeden Tag wuchs sein Wunsch, bei den Menschen zu evangelisieren, die noch nie auch nur den Namen Jesus gehört hatten und wo es im Inneren des Landes keinen einzigen protestantischen Missionar gab, der ihnen die Gute Nachricht bringen konnte.

Hudson wußte, daß China zu der Zeit keine Ausländer in das Land hereinließ. Die Taiping-Rebellion, eine Art Bürgerkrieg, hatte sich dort voll entfaltet. Aber diese Hindernisse stärkten nur seinen Entschluß. Er fing an, von dem Unmöglichen zu träumen. Ich werde gehen, dachte er. Ich muß der erste sein, der diesen Millionen von Menschen in China die Gute Nachricht bringt.

Hudson nahm eine Arbeit als Assistent eines Arztes an, weil er hoffte, daß er als Mediziner vielleicht nach China einreisen durfte. Damit er sich auf die kulturellen Herausforderungen des Landes besser einstellen konnte, zog er aus seinem eigenen gemütlichen Heim aus und lebte unter den Armen. Er mietete sich eine kalte, kaum eingerichtete Wohnung und aß nicht mehr so gut, wie er es gewohnt war. Er weigerte sich, gut zu leben, während seine Nachbarn litten, und aß nur Haferbrei oder Reis, trockenes Brot und Hering oder ein paar Äpfel. In seiner freien Zeit besuchte er die Armen, brachte ihnen Arzneien, Trost aus der

Politische Geschichte Chinas

China ist ein Land mit einer reichen kulturellen Tradition, die bis an den Anfang aller Zivilisation zurückreicht. Nach jahrhundertelangen Unruhen und Kriegen zwischen kleinen Fürsten in vorgeschichtlicher Zeit, entwickelte sich ein Kaiserreich, das sich aus 36 Staaten oder Provinzen zusammensetzte. Der erste Kaiser, Qin Shihuang (259–210 vor Christus) erbaute die berühmte Chinesische Mauer zum Schutz vor den nomadischen Stämmen des Nordens. Er gründete eine Kultur, die in den nächsten Jahrhunderten zur größten Zivilisation der Welt werden sollte.

Im frühen dreizehnten Jahrhundert wurde China von dem mongolischen Kaiserreich übernommen und der Handel mit Europa wurde erstmals begünstigt. Der berühmteste Europäer, der China besuchte, war der Forscher Marco Polo. Er kehrte nach Europa zurück und berichtete von diesem hochzivilisierten und reichen Land im Osten. Die Mongolen wurden schließlich verjagt und die Ming-Dynastie herrschte 300 Jahre lang in China, bis die Manchus im Jahre 1644 von Norden her eindrangen. Während der Herrschaft der Manchus öffnete sich China immer mehr eu-

Bibel oder betete für sie. Und immer dachte er daran, sie auf ihre Beziehung zu Jesus Christus anzusprechen.

ropäischen und amerikanischen Handelsbeziehungen und Einflüssen.

Im Jahr 1840 verbrannte ein Manchu-Beamter eine Schiffsladung Opium, die den Briten gehörte und in China verkauft werden sollte. Zwischen den beiden Ländern brach Krieg aus. England gewann und zwang China dazu, einige ihrer Häfen für den europäischen Handel zu öffnen. Die Europäer begannen, die Manchu-Herrscher gegen die chinesischen Bauern zu unterstützen, weil die Manchus den europäischen Handel begünstigten. Die Bauern gerieten in Aufruhr, was zu der Rebellion von Taiping führte. Der Aufruhr wurde niedergeschlagen, aber die Manchu-Dynastie ging geschwächt daraus hervor. Im Jahr 1911 wurde die kaiserliche Regierung endgültig von chinesischen Revolutionären gestürzt und eine Republik gegründet.

Das chinesische Volk hatte aber keine Erfahrung mit der Demokratie. In den folgenden Jahren litt das Land unter lokalen Militärführern oder Kriegsherren, die sich gegenseitig bekämpften, um an die Macht zu kommen. Im Jahr 1931 brach ein erschöpfender Krieg gegen Japan aus, der schließlich zu einem Teil des Zweiten Weltkrieges wurde. China schloß sich den Allierten gegen Deutschland, Italien und Japan an.

Als der Krieg vorbei war, übernahmen die Kommunisten in China die Macht. Im September 1949 wurde in Beijing die Volksrepublik China, eine neue kommunistische Regierung, gegründet. An ihrer Spitze stand als Vorsitzender Mao Tse-tung. China wird noch heute von kommunistischen Diktatoren beherrscht.

Lehren im Glauben

Eines Tages vergaß der Arzt, für den Hudson arbeitete, ihn zu bezahlen. Der Mann war so vergeßlich, daß er Hudson gebeten hatte, ihn daran zu erinnern, ihm jede Woche sein Gehalt auszuzahlen. Aber Hudson hatte sich überlegt, was er noch machen könnte, um sich auf ein Leben als Missionar vorzubereiten. Er entschied sich, die Vergeßlichkeit seines Chefs als Gelegenheit zu nutzen, Gott zu vertrauen. Ich werde Dr. Hardey nicht erinnern, dachte er. Ich werde einfach nur um das Geld für meine Miete und mein Essen beten und mich dazu erziehen, meine Hoffnung auf den Herrn zu setzen anstatt auf Menschen.

Hudson erfuhr, daß es nicht einfach war, seinen Glauben zu testen. Eines Sonntagabends, als Hudson nur noch eine kleine Münze übrig hatte, trat ein armer Mann auf in zu und bat ihn, zu ihm zu kommen und mit seiner Frau zu beten, die im Sterben lag. Hudson fragte ihn, warum er nicht seinen eigenen Priester gerufen hatte.

»Das habe ich«, sagte der Mann. »Aber er wollte nicht kommen, wenn wir ihn nicht bezahlen, und wir haben

nichts mehr. Meine Kinder verhungern.«

Hudson dachte an die Münze in seiner Tasche, das einzige Geld, das er noch hatte. Er dachte an den letzten Rest Haferbrei und das Stück Brot, das er in seiner Wohnung noch hatte. »Wieso haben Sie zugelassen, daß Ihre Familie in solche schlimmen Umstände gekommen ist?« fragte er. »Sie hätten die Behörden um Hilfe bitten sollen.«

Bei sich selber dachte Hudson, wenn ich nur zwei Münzen hätte, würde ich dem Mann eine davon abgeben. Die beiden Männer gingen zusammen weiter, über einen Hof, dann eine winzige Treppe hoch und in ein ärmliches Zimmer. Da saßen fünf Kinder mit vor Hunger eingefallenen Gesichtern auf dem Fußboden. Auf dem Boden neben ihnen lag die Mutter, neben sich einen Säugling. Hudson fiel auf, daß das Baby nicht weinte, sondern vor Schmerzen völlig erschöpft schien. Wenn ich nur ein zweites Geldstück hätte, dachte Hudson. Ich würde es so gerne geben, damit sie Nahrung für die Kinder kaufen können.

»Seid nicht entmutigt«, sagte Hudson zu der Familie. »Ihr habt einen liebenden Vater im Himmel, der um eure Nöte weiß.«

Aber in seinem Inneren hörte Hudson eine Stimme. »Heuchler!« sagte die Stimme. »Du sagst diesen Leuten, daß sie auf Gott vertrauen sollen, aber du willst ihm ja selbst nicht vertrauen mit der Münze in deiner Tasche!«

Hudson hatte langsam das Gefühl, daß er derjenige war, der Trost und Hilfe brauchte. »Wollen wir zusammen beten?« fragte er.

Aber wieder sprach die innere Stimme ihn an: »Willst du Gott verspotten, Hudson? Verschenke das Geldstück!«

Hudson betete zuende, schaute in die Augen der Kinder, steckte die Hand in seine Tasche und nahm die Münze heraus. Er drückte sie dem dankbaren Vater in die Hand. Dann ging er mit freudigem Herzen nach Hause und aß die Mahlzeit, von der er annahm, daß sie für viele Tage seine letzte sein würde.

Am nächsten Morgen erhielt Hudson einen Brief mit einem verschmierten Absender. Die Schrift konnte er auch nicht erkennen. Als er den Umschlag öffnete, fiel eine Münze heraus, die viermal soviel wert war als die, die er verschenkt hatte. Es gab keinen Brief dazu und Hudson hat nie erfahren, wer das Geld geschickt hat. Das Geld reichte gerade, bis seine nächste Miete fällig war.

Zwei Wochen später ging Hudson wieder auf die Knie und bat Gott um das Geld für die Miete. Er wollte nicht, daß seine Vermieterin unter seiner Entscheidung, auf Gott zu vertrauen, zu leiden hatte. Als Dr. Hardey wieder vergaß, ihn zu bezahlen, betete Hudson so lange, bis er die Gewißheit hatte, daß Gott auf andere Weise helfen würde. Er blieb in seinem Zimmer, betete und dankte Gott im Glauben für die Antwort .

Spät an dem selben Abend kam Dr. Hardey lachend die Stufen zu Hudsons Wohnung hoch. »Hier, nimm das Geld«, sagte er zu Hudson. »Einer meiner Patienten kam eben und hat seine ganze Rechnung bezahlt. Er muß verrückt sein, daß er auf einen Sonntag so spät mit so viel Geld kommt! Nimm dir, was ich dir schulde.«

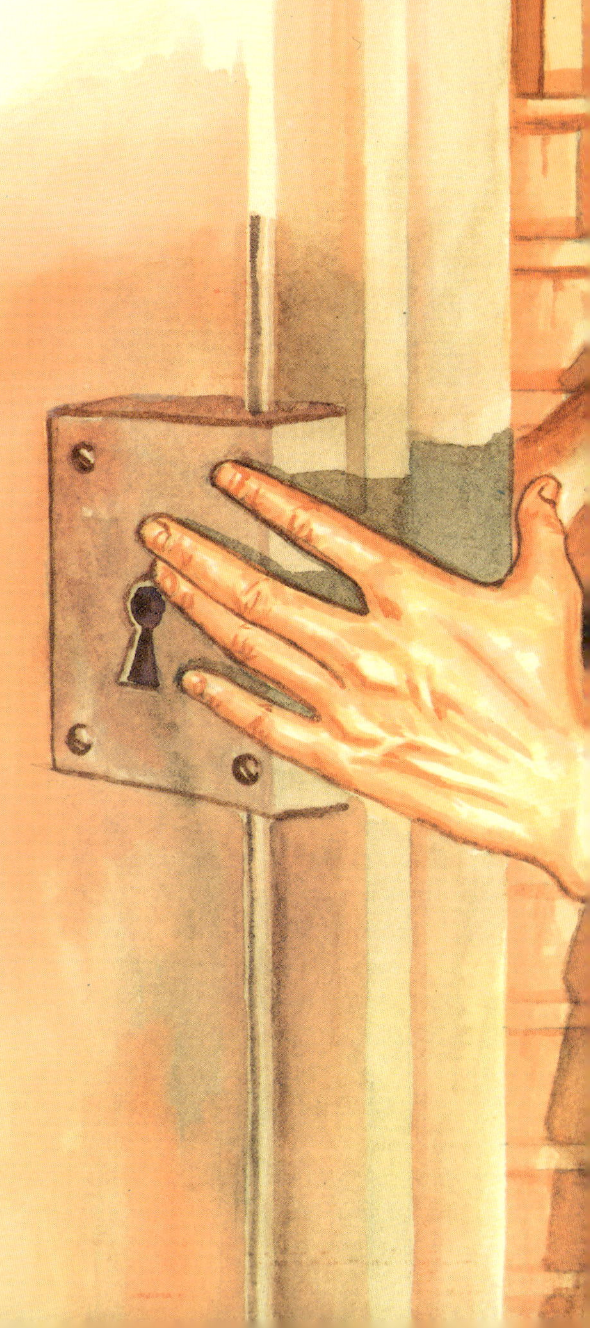

Die goldene Gelegenheit

Während der folgenden Jahre nahm sich Hudson immer fester vor, seinen Traum, nach China zu gehen, zu verwirklichen. Er lehnte Angebote, sein Studium zu bezahlen, ab, um zu zeigen, daß er lieber einen festen Glauben als eine gute Ausbildung haben wollte. Er lebte von braunem Brot und Wasser. »Ich möchte tun, was ich predige«, schrieb er in sein Tagebuch. »Es ist mein Ziel, Männer und Frauen allein durch Gebet zum Herrn zu bringen.« Außerdem läuft mir die Zeit davon, dachte er. Wenn ich warte, bis ich Arzt bin, bevor ich nach China gehe, werden schon Millionen Chinesen gestorben sein, ohne Jesus zu kennen. Ich muß um eine Gelegenheit beten, bald dorthin zu kommen.

Da kam eines Tages die Gelegenheit, auf die Hudson gewartet hatte. Führer der Rebellion in China hatten in dem Krieg die Oberhand gewonnen und zeigten Offenheit für westliche Einflüsse. Hudson erfuhr, daß sie christliche Lehrer in Schanghai suchten und sah seine goldene Gelegenheit gekommen. Er war der Meinung, daß es vielleicht jetzt oder nie sein könnte, daß die Tür geöffnet wurde.

Obwohl Hudson keinen medizinischen Schulabschluß hatte, nicht an der Universität studiert hatte oder als Geistlicher eingesetzt worden war, hatte er die Begeisterung und den Mut von zehn, als er seine Pläne machte. Hudson erhielt von der Chinesischen Missionsgesellschaft in England das Versprechen finanzieller Unterstützung und packte sorgfältig Arzneien und medizinische Geräte, chinesische Bibeln und Bücher für die Reise, die vier Monate dauern würde, ein. Mit viel Gepäck beladen, verabschiedete er

sich am Pier in Liverpool, England, von seiner Familie und wandte sich nach Osten.

Hudsons Weg nach China

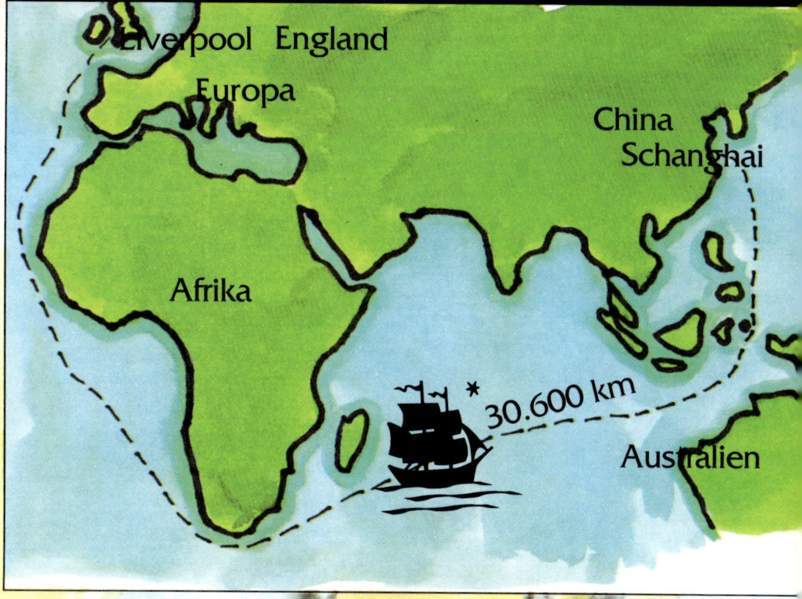

Jetzt, nur ein paar Tage später, gefangen in den unvorhersehbaren Stürmen der Irischen See, betete Hudson um Rettung vor Schiffbruch. Während er Gott noch anflehte, sie zu bewahren, drehte die Dumfries ab von der steinigen Küste und wandte sich wieder aufs offene Meer hinaus. Danach segelte sie tagelang mit hoher Geschwindigkeit weiter – zum Golf von Biskaya, um das Kap der Guten Hoffnung herum, an Australien vorbei und weiter bis in das Ostchinesische Meer.

Das Leben in Schanghai

Als die Dumfries endlich an einer kleinen Insel nahe der chinesischen Küste anlegte, winkte Hudson der Mannschaft zum Abschied zu. Er sprang vom Schiffsdeck hinunter auf ein kleines Pilotboot, das flußaufwärts nach Schanghai fuhr. Die Strömung des Flusses war beständig und ruhig im Vergleich zu dem Hin und Her der Meereswogen. Hudson ließ sich nieder und überprüfte sein Gepäck. Er hatte genug Arzneien, um eine kleine Klinik aufmachen zu können, viel Tinte und Papier, um zu schreiben, viele Bücher und ein paar Bekleidungsstücke.

Als Hudson in Schanghai an Land ging, machte er sich auf den Weg in Richtung einer britischen Flagge, die er in der Ferne erkennen konnte. Die feste Erde schien unter seinen Füßen zu schwanken und sein Herz klopfte wild. Endlich in China! Die rot-weiß-blaue britische Flagge, die über dem britischen Konsulat flatterte, versprach ihm Hilfe, sich in Schanghai niederzulassen. Er erwartete, daß er Geld von dem Konto seiner unterstützenden Gesellschaft, der Chinesischen Missions-

gesellschaft (C.E.S.), abheben konnte und einen Brief abholen würde, der ihn willkommen hieß und ihm weitere Anweisungen geben würde.

Aber das einzige Willkommen, das Hudson erhielt, bestand aus Gewehrfeuer und Kanonenbeschuß. Schanghai war ganz von Soldaten besetzt – den Rebellionstruppen – und von den kaiserlichen Armeen Chinas eingezingelt. Verwundete und sterbende Soldaten lagen stöhnend auf den Straßen. Hudson mußte um sie herumlaufen. Er hielt kurz inne, damit eine Gruppe vorbeigehen konnte – Soldaten, die die Gefangenen an den Haaren durch die Straßen zogen. Sie waren auf dem Weg zur Exekution. Die verurteilten Männer stöhnten vor Schmerz und griffen verzweifelt nach Hudsons Beinen, als sie weggezerrt wurden.

Und so entdeckte Hudson, daß das Land, das er schon so lange hatte sehen wollen, von einem Bürgerkrieg zerrissen wurde. In den folgenden Tagen gab es viele politische Aufstände in der Stadt. Die Chinesen mißtrauten den Menschen aus dem Westen. Das erschwerte es den Missionaren, in das Innere des Landes vorzudringen. Hudson konnte nicht wissen, daß der Krieg sich noch weitere elf Jahre hinziehen würde, was seine Arbeit bei jedem Schritt behindern würde.

An dem ersten Tag im Konsulat fand Hudson keinen Brief mit Anweisungen, kein Geld und keine Kontaktperson zu der Missionsgesellschaft. Er wandte sich ab und blickte auf die Kämpfe außerhalb der Stadtmauer. Es gab keine Unterkunft außer schäbigen Hütten und wenn es Nahrung gab, dann war sie alt, schal und schrecklich teuer.

Schanghai war voller ausgebrannter und ausgebombter Häuser. Verhungernde Kinder, Waisen und Bettler schlurften die Gassen entlang, trotz der eisigen Kälte. Hungrige Frauen starrten ihn aus Unterständen hervor an. Säuglinge lagen nackt in ihren Armen und saugten verzweifelt an den leeren Brüsten ihrer Mütter. Ab und zu hörte Hudson ein Kind schreien. Hudsons frohe Erwartungen verdüsterten sich. Seine Vision wurde zu grimmiger Entschlossenheit. Hudson wollte diesen Menschen helfen und ihnen Hoffnung schenken. Er erschauerte in der feuchten, kalten Luft und verließ das Konsulat.

Nach einiger Zeit traf Hudson in einem Krankenhaus in Schanghai einen

Arzt, der ihm eine Unterkunft in seinem eigenen Haus anbot. Hudson war dankbar, aber frustriert. Er sehnte sich danach, eine eigene Wohnung zu haben, wo er Bibelstunden halten konnte, und wo er für die Kinder eine Schule einrichten konnte. Hudson wußte kaum, wo er anfangen sollte. Aber er fing trotzdem an.

Hudson besuchte Geschäfte und Büros, freundete sich mit den Geschäftsleuten an, besuchte Häuser, wo ganze Familien wegen Krankheit und Hunger darniederlagen. Er lernte Mandarin, die Sprache, die die meisten Chinesen sprachen, und lernte andere Missionare in Schanghai kennen.

Eines Abends ging eine Frau die Straße entlang und sah, daß Hudson Traktate über Jesus verteilte. Sie griff nach einem Traktat, verbeugte sich und wollte gehen. Hudson bemerkte, daß ihre Füße so klein waren, daß sie kaum laufen konnte. Sie waren so klein wie die Füße eines Kleinkindes, verkrüppelt und verformt. Er hatte schon viele Frauen mit genau solchen Füßen gesehen.

In dem Moment rief aus einen Haus in der Nähe eine Frau: »Halt, halt! Gnade!« Die Frau auf der Straße zog sich einen Schal über den Kopf und ging schnell davon. Hudson fühlte sich hilflos und traurig. Er wünschte sich, daß er etwas für die Frauen tun könnte. Hudson wußte, daß viele kleine Mädchen schon kurz nach der Geburt als Zeichen des Wohlstandes verkrüppelt wurden. Wenn sie erwachsen waren, konnten sie kaum laufen. Er begriff, wie schlimm die meisten Frauen behandelt wurden. Sie wurden als Besitz der Männer angesehen, durften nicht in die Schule gehen, wurden manchmal als Sklaven verkauft und oft gefoltert, damit sie das taten, was die Männer von ihnen wollten. Hudson ging nach Hause und wandte sich mit seiner Traurigkeit über China an Gott im Gebet.

Kurze Zeit später wurde Hudson mit dem mächtigen chinesischen Drogenhandel konfrontiert. Als er einmal in der Nähe der Hafens spazierenging, bemerkte er, wie eine große Anzahl Kisten mit Opium auf dem Kai entladen wurden. Er erfuhr von anderen Europäern in Schanghai, daß jedes Jahr Tausende Kilo Opium nach China eingeführt und benutzt wurden, um die Menschen durch ihre Abhängigkeit

arm und unwissend zu halten. Die Reichen wurden durch den Handel immer reicher. Und die Armen starben. Hudson hatte immer schon gewußt, daß die Macht der Finsternis und des Bösen in China groß war. Jetzt begann er zu erkennen, wie gefährlich und schwierig das Werk, zu dem Gott ihn berufen hatte, wirklich war.

Hudson erfuhr auch den Horror des Handels mit Kulis (Tagelöhnern). Das brach ihm fast das Herz. Eines Morgens bemerkte er, daß Hunderte von chinesischen Männern auf ein Schiff verladen wurden. Manchen waren die Augen verbunden, manche schienen willig mitzugehen, machten aber dann an Bord einen verwirrten Eindruck. Die Männer durften das Schiff nicht verlassen. Hudson hörte die Peitsche und das Stöhnen der Männer unter Deck. Er erfuhr, daß die Männer weit weggeschickt wurden, um schwere körperliche Arbeit zu verrich-

ten, und daß viele unterwegs sterben würden. Die Überlebenden würden nie wieder nach China zurückkehren.

Hudson erneuerte seinen Entschluß, für das chinesische Volk zu beten und auch, sich ganz Gott hinzugeben. Er wußte, daß aus dem Inneren Chinas Millionen von Menschen in die Sklaverei verkauft wurden. Er schwor, daß er ihnen das Heil bringen wollte. Er schwor auch, junge Menschen in England dazu zu motivieren, die unglaublichen Nöte Chinas lindern zu wollen und ihnen Freiheit in Christus zu bringen.

Trotzdem kam der Tag, an dem er Hunderte Neuer Testamente und Tausende Traktate über das Evangelium auf eine Dschunke laden konnte und sich auf den Weg durch die schmalen Wasserwege machte. Er verteilte bei jedem Aufenthalt Traktate und nahm sich die Zeit, den Menschen die Gute Nachricht zu erklären. Ihm war auch klar, daß er diesen Menschen sehr fremd erscheinen mußte, in seiner westlichen Kleidung und mit den blauen Augen und blonden Haaren. Die meisten starrten ihn an und begafften ihn. Manchmal liefen sie vor ihm davon. Manche drohten, ihn umzubringen.

Auf einer Reise, die er mit einem Freund unternahm, bot er den Menschen umsonst medizinische Hilfe an. Er bemerkte schnell, daß die Fläschchen, Pillen und Pulver in seiner Arzneienkiste die Chinesen faszinierten und ihm eine Tür öffneten, über Gottes Rettungsangebot durch Jesus zu predigen. Tagaus, tagein reiste Hudson auf den Kanälen, die ins Innere Chinas führten. Das hier war das Land seiner Träume. Trotz der Tatsache, daß die Reisen manchmal sehr gefährlich waren, fühlte er sich erfüllt und voller Freude.

Nach vielen Reisen hatte Hudson

Der Traum, das Innere Chinas zu erreichen

Hudson studierte eingehend auf seiner Karte die Gegenden nördlich, südlich und westlich von Schanghai. Das waren große, stark bevölkerte Gegenden, die durch ein verzweigtes Netz von Wasserwegen miteinander verbunden waren. Dschunken, das waren kleine Segelschiffe, standen bereit, um auf diesen Kanälen zu fahren. Hudson wußte, daß das Reisen langsam und beschwerlich sein würde.

Christentum in Chi

eines Tages eine Idee. Warum nicht grundsätzlich auf einem Boot leben? fragte er sich. Viele Chinesen taten das. Warum sollte er nicht genauso leben wie sie? Ich will nicht, daß sie auf mich aufmerksam werden, weil ich ein Ausländer bin, sondern, daß sie mir zuhören, wenn ich aus der Bibel erzähle. Ich könnte so ihr Mißtrauen, daß ich ein Spion für die Rebellen sei, ausräumen, und ich könnte mich leichter mit den Chinesen, die ich kennenlerne, anfreunden.

Hudson wußte von keinen anderen Missionaren, die es gewagt hatten, so zu denken, geschweige denn, sich wie Chinesen zu kleiden. Obwohl er genau wußte, daß die anderen Europäer ihn kritisieren würden entschied er sich, daß es wichtiger war, von den Chinesen akzeptiert zu werden, als von den anderen Missionaren. Hudson bestellte sich bei einem chinesischen Schneider ein Paar weite, kurze Hosen und eine Seidenjacke. Er kaufte sich bei einem Schuster ein Paar spitze, hochgestellte Schuhe. Dann ließ er sich von einem Barbier die Haare schwarz färben und kaufte sich einen langen Zopf, den er trug, bis seine eigenen Haare gewachsen waren. Am nächsten Tag erschien er gekleidet wie ein typischer chinesischer Lehrer, ein Mann, der wegen seiner Ausbildung respektiert wurde.

Hudson segelte nach Tsung-Ming, wo mehr als eine Million Chinesen lebten. Die Bevölkerung von Tsung-Ming nahm ihn mit großer Begeisterung und Neugier auf. Einer bot ihm ein Zimmer auf dem Dachboden eines buddhistischen Tempels an. Hudson begann, die Kranken zu behandeln und Versammlungen abzuhalten. Für ihn war es die Bestätigung, daß die Arbeit im Inneren Chinas begonnen hatte.

Trotz dieses frühen Erfolges war Hudson später gezwungen, nach

[redacted]

Das Christentum wurde erstmalig im späten Mittelalter nach China gebracht. Aber erst heute, 600 Jahre später, zeigen sich die Früchte - dank Hudson Taylor und vielen anderen treuen Missionaren, die den Chinesen vom Evangelium erzählten.

Als die atheistischen Kommunisten im Jahr 1949 die Macht übernahmen, mußten alle westlichen Missionare das Land verlassen. Sie hinterließen etwa 900.000 chinesische Christen, die von den kommunistischen Machthabern verfolgt und mißhandelt wurden. Während der Kulturrevolution (1966–1970) wurden Pastoren ins Gefängnis geworfen, Kirchen und Tempel geschlossen und die Religion verbannt.

Aber der Glaube überlebte in den Herzen des chinesischen Volkes. Die Regierung erlaubte Christen schließlich, sich in von der Regierung kontrollierten, »offenen« Kirchen zu treffen. Aber viele Christen zogen es vor anzubeten, ohne von der Regierung registriert und kontrolliert zu werden. »Hausgemeinden« tauchten überall im Land im Untergrund auf. Diese Kirchen - die hauptsächlich in den ländlichen Gegenden wachsen, wo ja auch 80 % der Bevölkerung lebt – sind eigenständig und unabhängig. Eine typische Hausgemeinde hat 100–300 Mitglieder, die sich zu ungewöhnlichen Zeiten in Wohnungen treffen, damit sie von der Polizei nicht behelligt werden. Die meisten Mitglieder haben noch nicht einmal eine Bibel. Sie haben nur handgeschriebene Kopien von Bibelversen. Aber sie sind glücklich und dankbar, daß sie für würdig befunden wurden, für Christus zu leiden.

Heutzutage treffen sich schätzungsweise 40 Millionen Gläubige in Hausgemeinden, während nur 6 Millionen bei der offiziellen Kirche registriert sind.

Schanghai zurückzuziehen. Von dort aus führte er die Mission in das Innere Chinas durch viele Reisen weiter. Auf jeder Reise wurde er aber wieder und wieder behindert. Sein Weg ins Innere Chinas wurde vom Bürgerkrieg, der bürokratischen Diplomatie zwischen Großbritannien und China, Morddrohungen und der Zerstörung seiner Arzneien und Bücher blockiert.

Auf einer seiner Reisen im Segelschiff von Schanghai nach Ningbo nahm Hudson einen Chinesen namens Peter mit, der in England ausgebildet worden war. Sie waren Freunde geworden, nachdem Hudson Peter von Gott erzählt hatte. Am späten Nachmittag hörte Hudson ein Platschen und einen Schrei. Peter war über Bord gefallen. Der Bootsmann deutete auf die dunkle Stelle, wo er verschwunden war.

Hudson sprang über die Seite des Schiffes und schwamm zu der Stelle, suchte in dem dunklen Wasser verzweifelt nach Peter. Als er ein paar Fischer mit einem Schleppnetz in der Nähe sah, rief er: »Bringt das Netz hier rüber! Ein Mann ertrinkt!«

»Nicht jetzt!« riefen sie zurück. »Wir sind beschäftigt. Später.«

»Ich werde euch gut bezahlen!« antwortete Hudson. »Wartet nicht, bis es zu spät ist.«

»Wir kommen nicht für weniger als 30 Münzen«, erwiderten die Fischer.

»Ich gebe euch alles, was ich habe. Beeilt euch!«

Schließlich brachten die Fischer das Netz herüber und innerhalb weniger Minuten hievten sie Peter hoch. Hudson versuchte ihn wiederzubeleben, aber ohne Erfolg. Der Zeitverlust durch die Gleichgültigkeit der Fischer hatte Peter das Leben gekostet.

Hudson brach fast das Herz. Sie hätten ihn so leicht retten können. Aber sie waren zu beschäftigt. Was war mit den Millionen Chinesen, die jeden Tag starben, weil Christen mit anderen Dingen beschäftigt waren? fragte sich Hudson. Ist denn die Seele nicht wichtiger als der Körper? Ich werde jeden Tag so vielen, wie ich erreichen kann, das Evangelium sagen.

Obwohl Vorräte aus England nur langsam kamen und Hudson oft ohne Nahrung, Traktate oder Arzneien auskommen mußte, predigte er bei jeder Gelegenheit und ließ sich Wege einfallen, das Interesse der Menschen für das Evangelium zu wecken. Er lernte, sich in jeder Schwierigkeit auf Gott zu verlassen, und seine Liebe für das chinesische Volk wuchs täglich, so wie er Peter geliebt hatte.

Hudsons Liebesgeschichte

Einige Monate später gab es Feindseligkeiten zwischen England und China. Krieg brach zwischen den beiden Ländern aus. Hudson konnte wegen der Seekämpfe in der Nähe die Stadt Ningbo nicht verlassen. Während er dort wohnte, lernte er zwei junge Frauen kennen. Die beiden waren Schwestern, die in jungen Jahren schon verwaist waren und jetzt halfen, die erste Schule für Mädchen in China zu betreiben. Die Eltern der Mädchen waren unter den ersten Missionaren im Land gewesen.

Die älteste Schwester, Maria, half auch in der Nachbarschaft das Evangelium zu lehren. Wegen ihrem Auftrag und ihrem Mitgefühl für das chinesische Volk und ihres sanften Wesens verliebte sich Hudson in Maria. Ihre Freundschaft wuchs, bis das Kriegsgeschehen dem gezwungenermaßen ein Ende setzte: Es wurde in Ningbo ein Plan entdeckt, alle Ausländer zu töten, und Hudson wurde ausgewählt, Familien mit kleinen Kindern sicher nach Schanghai zu eskortieren.

Bevor er die Stadt verließ, überlegte sich Hudson schmerzlich, ob er Maria bitten sollte, ihn zu heiraten oder nicht. Was kann ich einer Frau schon bieten? fragte er sich. Ich kann ihr überhaupt keine Sicherheit bieten. Meine finanzielle Unterstützung kommt von einer schwachen und schlecht organisierten Missionsgesellschaft. Ich habe mich noch nie auf sie verlassen können. Mein Leben ist gefährlich und körperlich hart. Ich habe ja noch nicht einmal ein Zuhause oder ein eigenes Bett. Ich bin immer unterwegs und werde oft wegen meiner chinesischen Kleidung von den anderen Missionaren kritisiert. Nein, ich kann Maria nicht bitten, mich zu heiraten.

Zurück in Schanghai, war Hudson fast zu beschäftigt, um Maria zu vermissen. Wegen der Kämpfe strömten Tausende von Flüchtlingen aus den umliegenden Bezirken in die Stadt. Viele lebten auf den Friedhöfen, wo sie sich Unterkünfte verschafften, indem sie die niedrigen Grabkammern aufbrachen. Andere quetschten sich in zerstörte Häuser. Hudson machte täglich die Runde in diesen Unterkünften und kümmerte sich um die kranken, hungernden und frierenden Menschen. Weil die Missionsgesellschaft C.E.S. in einer immer schlechteren finanziellen Lage war, entschied er sich dafür, nicht länger von ihr abhängig zu sein. Er wurde ein unabhängiger Missionar und verließ sich auf Gott allein im Blick auf Nahrung, Unterkunft und Ausrüstung, die er brauchen würde. So etwas war zu der Zeit bei den Missionaren unerhört, aber Hudson war bereit, ihre Kritik zu ertragen, wenn er nur das tun konnte, wozu ihn Gott in China berufen hatte.

Trotz des Chaos in Schanghai und der Last seiner Aufgaben dort, konnte Hudson Maria nicht vergessen. Und in Ningbo konnte Maria Hudson nicht vergessen. Sie wurde von seiner Hingabe an das chinesische Volk und seiner Bereitschaft, sich allein auf Gott zu verlassen, angezogen. Sie bewunderte die Art, wie er sich chinesisch kleidete, um seinem Auftrag entsprechend das Evangelium das Innere Chinas zu bringen. Aber Maria durfte nicht mit Hudson korrespondieren, deswegen ging sie mit all ihren Träumen und Wünschen vor Gott.

Nach langer Zeit schickte Hudson Maria einen Brief, in dem er sie bat, ihn zu heiraten. Maria ging mit dem Brief zu ihrem Vormund, die erwiderte: »Was? Wie kann der arme unbekannte Niemand es wagen, dich um deine Hand zu bitten? Du mußt den Antrag sofort zurückweisen.« Dann zwang sie die arme Maria dazu, die Ablehnung selber zu schreiben. Maria glaubte, daß sie Hudson nie wieder sehen würde.

Aber im Frühjahr kehrte Hudson ge-

schäftlich nach Ningbo zurück. Marias Vormund kritisierte seine Kleidung und machte sich über seine radikale Einstellung, sich ganz auf Gott zu verlassen, lustig. Sie erlaubte ihm nicht, Maria zu sehen. Da sorgte eine Freundin von Maria unauffällig dafür, daß die beiden jungen Menschen sich heimlich treffen konnten. Maria und Hudson sprachen über ihre Gefühle füreinander und einigten sich, daß sie in der Sache einer Heirat Gottes Willen suchen wollten.

Hudson sagte zu Maria: »Falls wir heiraten sollten, wird unser Leben schwierig sein. Sogar jetzt schon habe ich fast kein Geld mehr übrig. Und meine Berufung ist gefährlich. Ich will das Evangelium immer weiter nach China hineintragen.«

Maria erwiderte: »Hast du vergessen, daß ich als Waise in einem fernen Land zurückgelassen wurde? Gott ist all diese Jahre mein Vater gewesen; denkst du denn, ich werde mich jetzt davor scheuen, ihm zu vertrauen?«

Voller Vertrauen in ihren gemeinsamen Auftrag bat Hudson Maria, an ihren Onkel in England zu schreiben und ihn um Erlaubnis für die Heirat zu bitten. Vier Monate später kam ein Brief an, der ihnen die Erlaubnis gab. Missionare in London hatten Marias Onkel versichert, daß Hudson ein zuverlässiger Missionar sei.

Hudsons Heirat mit Maria schien ihre gemeinsame Vision, das Evangelium in das Innere Chinas zu bringen, in greifbare Nähe zu rücken, trotz der politischen Stürme, die sie umgaben. In dem Sommer, in dem sie heirateten, wurde der Vertrag von Tianjin geschlossen, der Ausländern den Weg in alle inneren Provinzen öffnete. Die Taylors freuten sich, entschieden sich aber, in dem kommenden Jahr in Ningbo zu bleiben, anstatt gleich weiterzureisen. Der Grund für ihre Entscheidung lag in der Tatsache, daß der örtliche Arzt seine Frau verloren hatte und mit den Kindern nach England zurückkehren wollte. Damit würde das Krankenhaus

schließen müssen. Hudson und Maria nahmen die Herausforderung an, das Krankenhaus weiterzuführen.

Hudson, der ja von keiner medizinischen oder Missionsgesellschaft unterstützt wurde, wußte, daß sie um die finanziellen Mittel, das Krankenhaus weiterzuführen, würden beten müssen. Die Situation war für ihn keine neue. Er hatte schon seit Jahren aus Glauben allein gelebt, und er glaubte, daß Gott mit ihnen war. Schließlich kam der Tag, an dem der letzte Sack Reis geöffnet worden war und sich schnell leerte, als die Patienten daraus ihre Mahlzeiten bekamen.

Hudson blickte auf die wenigen Reiskörner, die noch in der Krankenhausküche waren, und sagte: »Gottes Zeit, uns zu helfen, muß schon nahe sein.«

Bevor der Tag zuende war, hatten die Taylors einen Scheck und einen Brief von einem Mann erhalten, den sie gar nicht kannten. »Ich habe sehr viel Geld geerbt«, schrieb der Mann. »Und ich habe darüber gebetet, was Gott möchte, das ich damit tue. Ich schicke es an Sie, falls Sie es brauchen können, und werde mehr schicken, wenn Sie erlauben.«

»Stell' dir vor,« sagte Hudson zu Maria, »wir hätten die Herausforderung, das Krankenhaus zu übernehmen, nicht angenommen, weil nicht genug Geld da war! Oder weil unser Glaube zu klein gewesen wäre!«

»Jetzt können wir den Menschen hier weiterhelfen und ihnen das Evangelium sagen«, fügte Maria hinzu.

Hudson und Maria gingen mit ganzem Herzen an die Arbeit im Krankenhaus heran. Aber sowohl die Anstrengung, die das Projekt kostete, als auch die Sorge für ihr Baby forderte seinen Tribut von ihrer Gesundheit und ihrem Optimismus. Sie arbeiteten sechs Jahre lang sehr hart. Der Strom der Patienten brach nie ab. Schließlich wurden die endlosen Bedürfnisse der hilflosen Menschen zuviel. Hudson wurde krank und schwach. Maria versorgte ihn und ihre Tochter, gleichzeitig mit den administrativen Aufgaben des Krankenhau-

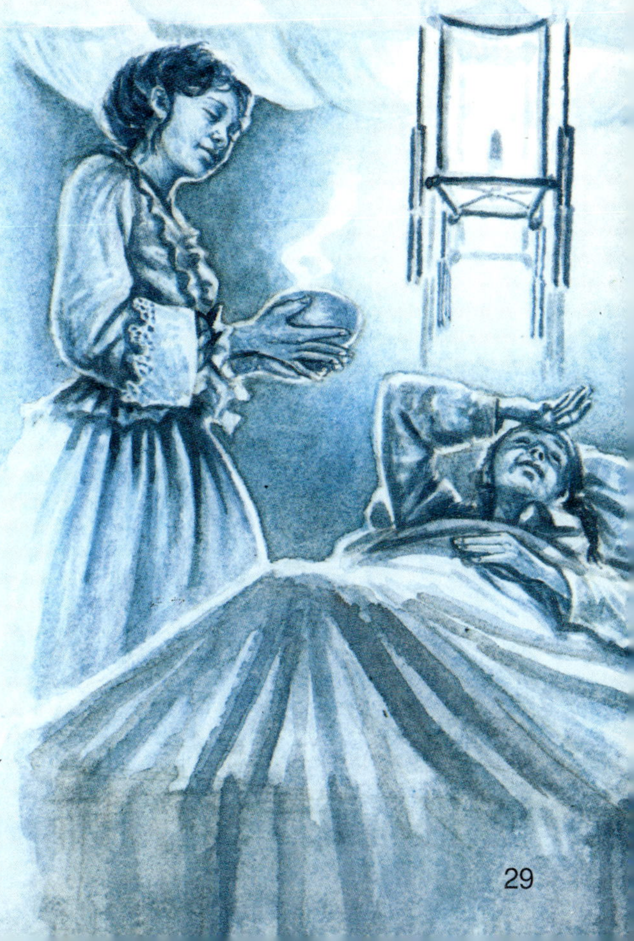

ses. Sie brauchte verzweifelt Hilfe. Und keine Hilfe kam.

Mit der Unmöglichkeit all dessen konfrontiert, was sie und Hudson versuchten, kam schließlich der Tag, an dem sie das Ningbo-Krankenhaus schließen mußte. Dann ging sie mit Hudson und Grace an Bord eines Schiffes, und die Familie machte sich auf den Weg zurück nach England. Hudson und Maria waren sich bewußt geworden, daß sie einen neuen Auftrag vor Augen haben mußten. Sie sprachen davon, bei jungen britischen Menschen Interesse an dem Dienst in China zu wecken. Maria freute sich auf eine Zeit der Ruhe für

sich selber und hoffte, daß Hudson sich wieder ganz von seiner Krankheit erholen würde. Sie stellten sich eine Zeit vor, in der sie mit genügend Arbeitern, die ihren Auftrag, das Innere Chinas zu erreichen, teilten, in ihr geliebtes China zurückkehren würden.

Aber die Ärzte in England sagten Hudson, daß er nie wieder stark genug für den aktiven missionarischen Dienst sein würde. Sie warnten ihn, daß er alles langsamer angehen mußte und vor allem in England bleiben sollte. Jahr für Jahr versorgten sie ihn und warteten auf eine Besserung seiner Gesundheit. Aber Hudson hörte nicht auf seine Ärzte. Er hatte sich fest vorgenommen, den Chinesen sogar von seinem Zimmer aus zu helfen, das einen Ausblick auf eine schäbige Straße auf der Londoner East Side hatte.

Hudson arbeitete an einer Neufassung des Neuen Testaments auf Chinesisch, die von Menschen mit wenig Bildung gut verstanden werden konnte. Er schrieb vom Bett aus Artikel über Chinas, und wann immer er konnte, berief er Versammlungen ein und predigte zu den Engländern über die große Not in China. Weil er eines Tages selber zurückkehren wollte, betrieb er medizinische Studien, damit er dem chinesischen Volk auch da besser helfen könnte.

Maria war auch beschäftigt. Während ihrer Zeit in England brachte sie jedes zweite Jahr einen Sohn zur Welt. Und sie stellte sich mit Schwierigkeiten auf die für sie fremde Kultur ein. Maria sehnte sich nach der Heimat ihrer Kindheit, China, und danach, dem chinesischen Volk zu dienen. Sie und Hudson hatten beide Heimweh nach dem Land auf der anderen Seite der Welt, das sie so liebten. Ihre Wohnung, die Britischen Inseln und Traditionen erschienen zu klein für ihren Auftrag und ihre Träume.

Hudson war sehr enttäuscht, daß die Menschen kaum auf die Not in China reagierten. Das anfängliche Interesse, das ihrer Ankunft in London gefolgt war, hatte sich wieder gelegt. »Gott hat mich auf Eis gelegt«, sagte er zu Maria.

Aber Hudson studierte jeden Tag eine Karte von China, betete für Bezirke im Inneren Chinas mit Namen und für die Menschen, die in jener Gegend auf die Botschaft des Evangeliums reagiert hatten. Hudson trug Fakten über die Größe und Bevölkerung jeder Gegend zusammen. Eines Tages erhielt er einen

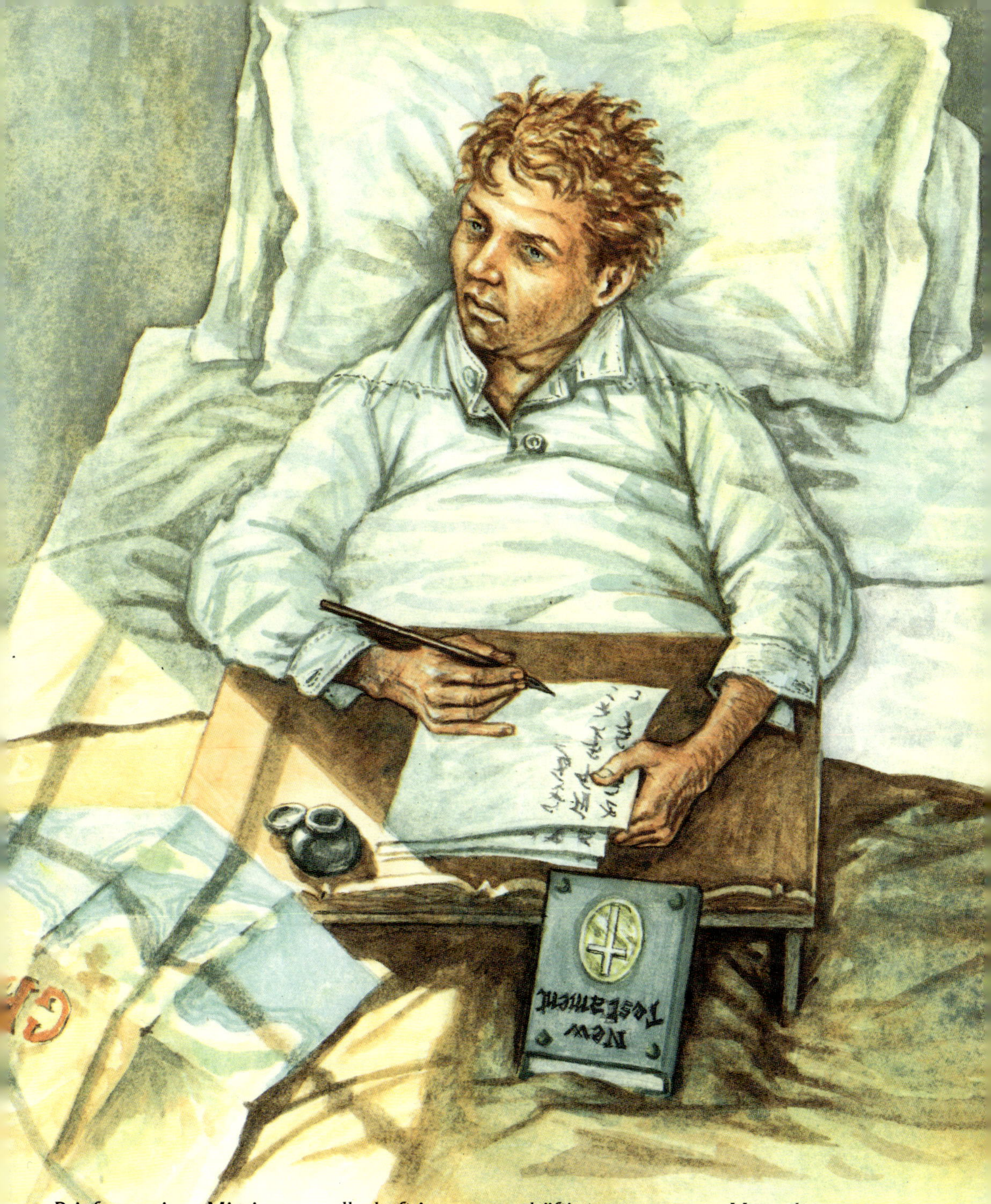

Brief von einer Missionsgesellschaft in England. »Die Anzahl protestantischer Missionare in China ist in den letzten Monaten von 115 auf 91 reduziert worden«, stand da. Menschen sterben täglich, und wir hier in England lassen es einfach zu, dachte er. Wir sind alle zu sehr mit unseren eigenen Dingen beschäftigt, um uns um Menschen zu kümmern, die in einem Meer geistlicher Dunkelheit ertrinken. Dann dachte er an seinen Freund Peter. Hudson wurde so traurig, daß er sieben Wochen lang nichts mehr in sein Tagebuch schrieb. Er saß nur allein und betete und weinte.

Eines Tages ging Hudson am Strand spazieren. Er fühlte sich allein, erschöpft und völlig verausgabt durch seinen Kummer. Während die Wellen gegen den Strand schlugen, hörte er auf, zu Gott zu sprechen und begann zuzuhören.

»Erbitte von mir die nötigen Arbeiter«, sagte der Herr zu ihm. »Höre auf damit, alles allein tun zu wollen. Bete für das geistliche Leben der Kirche, da-

mit junge Menschen aus ihr heraus reagieren. Vertraue mir.«

»Aber, Herr«, erwiderte Hudson, »was ist, wenn neue Arbeiter kommen und versagen? Wir brauchen mindestens vierundzwanzig, zwei für jede der elf Provinzen ohne Missionar und noch zwei für die Mongolei. Ich kann ihnen überhaupt keine Sicherheit bieten – nur Gefahr und ein Leben voller Entbehrungen. Was ist, wenn sie unter der Last zusammenbrechen? Was ist, wenn sie die politischen Probleme nicht aushalten können? Was ist, wenn sie einfach nicht stark genug sind?«

»Die Macht, mit der ich Männer und Frauen rufe«, erwiderte Gott, »ist dieselbe, mit der ich sie auch erhalte.«

»Dann, Herr, nimm mir die Last«, rief Hudson. »Ich überlasse sie dir.«

Ein neues Glaubensabenteuer

Zwei Tage später ging Hudson zu der London und County Bank und eröffnete ein Konto für das, was er die China-Inland-Mission (Missionsgesellschaft für das Innere Chinas) nannte. Er zahlte zehn Pfund Sterling auf das Konto ein – das letzte Geld, das Maria und er besaßen. Damit würde eine neue Art Missionsgesellschaft begonnen werden, in der die Mitarbeiter bei allem auf Gott allein vertrauen mußten.

»Es wird für ausgesandte Missionare keine Gehälter geben«, einigten sich Maria und er. »Wir können es uns leisten, so wenig zu haben, wie Gott sich entscheidet, uns zu geben. Wir werden chinesische Kleidung tragen und ins Innere Chinas vordringen.«

Hudson wußte, daß es eine radikale Vorstellung war, von Missionaren zu erwarten, daß sie ohne sichere Unterstützung hinausgehen und sich auch noch wie das Volk des Landes kleiden sollten. Er wußte, daß er von vielen Kirchen und Missionsgesellschaften als fanatisch und rebellisch verurteilt werden würde.

»Meine Erfahrungen mit Gottes Treue geben mir den Mut, weiterzumachen«, erzählte Hudson erschrockenen Kirchenmitgliedern, die die Weisheit seiner Entscheidung in Frage stellten. »Ich habe Meeresstürme, Bürgerkrieg, politische Rebellion und Krankheit überlebt. Aber die Reaktion des chinesischen Volkes beweist mir, daß unser Gott seinen Bund hält.«

»Was für ein frecher Emporkömmling!« sagte ein Pfarrer, als er von Hudsons Idee las. »Diese neue Missionsgesellschaft wird von schon existierenden Männer und Gelder abziehen! Was wird das dem Reich Gottes nützen?«

Hudson reagierte auf diese Kritik, bevor er sie überhaupt gehört hatte. Seine Vorschriften erlaubten es der C.I.M., Arbeiter einzustellen, die von anderen Gesellschaften nicht akzeptiert worden waren, inbesondere diejenigen, die ihr Studium noch nicht beendet hatten. Sie würden keine Werbung betreiben oder jemanden bitten, sich ihnen anzuschließen.

»Wir werden uns allein auf Gott verlassen, diejenigen zu uns zu schikken, die er haben möchte«, verkündete Hudson. »Und wir werden nicht um Geld bitten! So werden wir von anderen Gesellschaften keine Gelder wegnehmen.«

»Das ist töricht«, sagte Hudsons Kritiker. »Es ist eine unmögliche Idee. Du wirst in Vergessenheit geraten und bald nicht einmal das Nötigste zum Leben haben!«

»Gott setzt die Dinge in Bewegung«, erwiderte Hudson. »Wollen wir uns mit ihm bewegen?«

Die Wiedergeburt eines Traumes

Zwei kleine Jungen nahmen die Hand ihrer älteren Schwester und gingen über die Rampe auf ein riesiges Schiff. Als der Mast im Wind knarrte, schauten sie zu ihrer Mutter hoch. Maria hatte ihren Jüngsten auf einem Arm und einen Koffer in der anderen Hand. »Es ist alles in Ordnung, Jungs«, sagte sie. »Kommt, wir gehen nach oben. Von dort können wir über das Wasser blicken.« Maria und ihr ältestes Kind, Grace, erkannten die Unsicherheit in den Augen der Jungen. Grace hielt ihre kleinen Hände fest in den ihren, während Maria sie mit sanften Worten ermutigte.

Hudson folgte seiner Familie an Bord der Lammermuir. Sechzehn Missionare kamen mit ihnen und waren dem Aufruf der C.I.M. gefolgt. Sie bereiteten sich seit Monaten zusammen vor und lernten Chinesisch. Die Aufregung und Vorfreude in ihren Gesichtern war eine Quelle großer Freude für Hudson. Das sind Gottes auserwählte Arbeiter, dachte er. Und ich vertraue darauf, daß er die fehlenden acht Arbeiter bald nachschicken wird.

Die Gruppe hatte sich auf die viermonatige Reise gut vorbereitet. Maria und Hudson bekamen viel Unterstützung mit den Kindern, da die jungen Missionare ihnen bei der Schulung und der praktischen Versorgung der Kinder halfen. Nach wenigen Wochen auf See hatten sich die Kinder eingelebt und begannen die wechselnden Winde und das Schaukeln des Schiffes zu genießen. Obwohl sie in ein fremdes Land segelten, waren sie sicher im Schutz ihrer Eltern geborgen, die sie gelehrt hatten, auf Gott zu vertrauen und ihn zu lieben.

Als die Lammermuir endlich das

Chinesische Meer erreichte, wuchs die Aufregung an Bord über die Nähe ihres Ziels. Bald würden sie wieder richtige Betten und frische Nahrung haben und konnten meilenweit laufen oder rennen, wenn sie wollten. Eines Abends standen sie mit steifen Beinen an der Reling und erhofften sich den ersten Blick auf die Küste. Plötzlich wechselte der Wind, wurde stürmisch, und es begann stark zu regnen. Die Familie Taylor und ihre Freunde retteten sich in ihre Kabinen, wo sie hinknieten und zu beten begannen.

Tag für Tag wurde ihr Schiff von einem Taifun nach dem anderen durchgeschüttelt. Regen und Hagel sorgten für nasse, rutschige Decks. Die Stürme brachten das Schiff von seinem Kurs ab und drohten, es zu zerstören. Zwölf Tage lang kämpften die Mannschaft und die Passagiere gegen die Angst, das Unwohlsein und die Entmutigung. Da sahen sie eines Morgens die Küste Chinas. Gerade als sie anfingen zu jubeln, kam noch ein Taifun und blies das Schiff in die entgegengesetzte Richtung. Das Schiff schien die Stürme nicht mehr auszuhalten. Die Klüver und Stützsegel gaben nach. Die Decks wurde von einer wilden See überspült. Bald lag eine ganze Seite des Schiffs unter Wasser. Der Klüverbaum brach, dann folgten die Masten. Sie wurden wie gebrochenes Spielzeug vom Sturm hin und her geworfen. Wannen, Eimer, Masten und Kisten schwammen rings um das Schiff im Wasser.

Der Kapitän ordnete an, daß alle Rettungsgürtel anlegen sollten. »Das Schiff wird kaum die nächsten zwei Stunden zusammenhalten«, sagte er. »Wir gehen unter.«

Hudson küßte seine Kinder in der Kabine, ließ sie bei Maria zurück und kletterte an Deck zu der Mannschaft. Er fand sie auf dem Vorderdeck. Sie hatten alle Revolver, die sie gegen sich selbst richten wollten, sollten sie ins Meer gespült werden.

»Bitte keine Gewalt«, sprach Hudson auf sie ein. »Wir müssen alles versuchen, um uns über Wasser zu halten. Wir müssen weitermachen. Gott wird uns hier hindurchbringen, aber ihr müßt navigieren.«

Alle, die konnten, kletterten an Deck. Männer und Frauen wechselten sich an den Pumpen ab. Sie arbeiteten mit den kümmerlichen Resten der Segel und bemühten sich Tag und Nacht, das Schiff über Wasser zu halten. Es war eine erschöpfte und zerlumpte Gruppe von Missionaren, die schließlich eine Woche später mit ihrem stark beschädigten Schiff an der Küste Chinas landete.

Als die anderen Missionare in Schanghai sie sahen, schimpfte ein Mann: »Hudson Taylor ist zurück. Und er hat sechs unverheiratete Frauen mit-

gebracht. Man stelle sich vor, unverheiratete englische Frauen nach China zu bringen!«

»Ja, und sie sagen, daß er vorhat, sie ins Innere Chinas zu schicken!« sagte ein anderer.

»Mit chinesischen Kleidern auch noch!« sagte ein dritter. »Ist dieser Taylor verrückt?«

»Wo werden sie wohnen?« wunderte sich ein weiterer. »Ich habe gehört, daß sie keine finanzielle Unterstützung aus England erhalten. Wie wollen sie überleben? Sie haben noch nicht einmal einen Platz zum Schlafen.«

Die zerlumpte Gesellschaft ging so-

fort an Bord von Hausbooten, um in das Innere Chinas nach Hangtschou zu fahren. Sie suchten einen festen Ausgangspunkt für ihre Gesellschaft. Die Nächte waren bitterkalt und einige wurden krank. Maria blieb auf dem Boot und sorgte für sie, während Hudson die Stadt Hangtschou nach einem Haus absuchte und weitere Pläne machte.

Bevor sie noch ein Jahr in Hangtschou verbracht hatten, geschah Schlimmes. Der Winter kam und ging und der Sommer brachte Hitze von über 40 Grad. Als Folge davon begannen die Missionare untereinander zu streiten. Mehrere in der Gruppe kritisierten die Kleidungsvorschriften, während sich andere über Hudsons Führungsstil beklagten. Das Schlimmste war jedoch, daß Hudsons und Marias einzige Tochter krank wurde. Innerhalb ein paar weniger, verzweifelter Stunden war die kleine Grace tot.

»Sie war der Sonnenschein unseres Lebens«, schrieb Hudson an seine Schwester in England. »Ich werde niemals den Tag ihrer Beerdigung vergessen – die kleinen weißen, gefalteten Hände. Die einzelne Blume. Es ist einfach zu traurig.«

Aber Hudson und Maria wollten

auf jeden Fall ihrem Auftrag folgen. Sie entschieden sich, noch schwerer zu arbeiten und ihre Trauer hinter sich zu lassen. Sie gingen hinaus, um zu predigen und den Kranken zu helfen, soweit sie auf den Wasserwegen ins Innere Chinas vordringen konnten. Innerhalb weniger Monate waren die Mitglieder der C.I.M. dabei, Gemeinden zu gründen, die vierundzwanzig Tagesreisen auseinanderlagen.

Die Taylors akzeptierten es als einen Bestandteil ihrer missionarischen Tätigkeit, daß überall, wo sie auftauchten, Aufruhr gegen sie ausbrechen konnte. Die Menschen, die sie zuerst in Hangtschou willkommen geheißen hatten, haßten sie jetzt. Sie verteilten Flugblätter, die besagten, daß die Ausländer, die »die Religion von Jesus« verkündeten, schreckliche Verbrechen begangen hatten.

Eines Nachts versammelte sich vor dem Haus der C.I.M. eine zornige Menge Chinesen. Sie behaupteten, daß die Taylors chinesische Kinder entführt hätten.

»Rache!« schrie die Menge. »Angreifen! Zerstört die Ausländer! Nehmt ihre Arzneien! Verbrennt ihre Bücher!«

Hudson schlich sich im Schutz der Dunkelheit aus dem Haus und rannte zum Haus des Gouverneurs, um Hilfe zu erbitten. Er schlüpfte durch das Tor, mußte aber warten. Er konnte das Brüllen der Menge noch hören. Er wußte, daß Maria und die Kinder der Menge schutzlos ausgeliefert waren. »Gott muß uns schützen«, betete er. »Herr, du bist der einzige Schutz, auf den wir jetzt oder jemals hoffen können.« Und Hudsons Familie wurde beschützt.

Hudsons Traum wird wahr

Viele Jahre lang zogen Hudson und Maria von Stadt zu Stadt und arbeiteten. Es gab immer wieder Aufruhr. Manche der Missionare wollten aufgeben. Andere kritisierten Hudsons Art, die Gesellschaft zu führen. Es war nie einfach, genug Nahrung oder Arzneimittel zu finden. Die Taylors mußten sich gegenseitig und auch ihre Söhne durch Krankheiten, Einsamkeit und Furcht begleiten und pflegen. Eines Tages, vor dem Beginn der heißen Sommersaison, entschieden sie sich, die vier älteren Kinder nach England zurückzuschicken, weil die Jungen so krank und schwach gewesen waren.

Kurz bevor die Jungen segeln sollten, starb eines der Kinder. Das Schwerste, das Maria jemals tun mußte, war es, die anderen trotzdem mit dem Schiff segeln zu lassen. Sie wußte ja nicht, ob sie sie je wiedersehen würde. Obwohl sie das Beste für die Kinder und die Mission tun wollte, brach es ihr fast das Herz, ohne sie in China zurückbleiben zu müssen. Dadurch ge-

schwächt, erkrankte Maria an der Cholera. Sie war zu der Zeit kurz vor ihrer Niederkunft, und ihr neugeborener Sohn starb kurz nach der Geburt. Marias Kraft war verbraucht. Bald darauf starb sie in Hudsons Armen.

Hudson begrub Maria und ihren Sohn neben Grace und ihrem jüngeren Bruder. Es war ein vernichtender Schlag. Trotzdem war er davon überzeugt, daß die Arbeit trotz des Schmerzes und des lähmenden Effekts, den Marias Tod hatte, weitergeführt werden mußte. »Vielleicht schenkt Gott neues Leben aus diesem Tod«, hoffte er.

Es gab immer noch neun chinesi-

sche Provinzen ohne überhaupt einen Missionar. Geld für die Unterstützung von mehr Missionaren aufzutreiben, war schon immer ein Problem gewesen. Hudson schrieb Artikel über die Not in China und forderte die Christen auf, zu beten. Außerhalb Chinas predigte er überall, wo er nur eine Einladung, über China zu sprechen, ergattern konnte. Dann erhielt Hudson – eine nach der anderen – Anfragen von achtzehn jungen Menschen, die nach China kommen wollten, um mit der China-Inland-Mission zu arbeiten.

Hudson wollte sich mit zeitlich begrenzten Missionaren nicht zufrieden geben. Er wollte in jeder der Provinzen feste Missionsstationen gründen.

»Gott wird die Arbeiter und das Geld zur Verfügung stellen«, hatte er schon immer gesagt.

Hudson reiste mehrmals nach England und erweiterte dabei jedesmal die Missionsgesellschaft. Er heiratete noch einmal, und seine Frau Jenny, geb. Faulding, begann mit den chinesischen Frauen zu arbeiten. Hudson fing an Europa und Amerika zu bereisen, und immer bat er um mehr Missionare. Bald hatten sich tausend Menschen zur Mitarbeit bereiterklärt, aber Hudson verbrachte nicht soviel Zeit in Chi-

na, wie er es gerne getan hätte.

Mit 73 kehrte Hudson schließlich mit seinem Sohn und seiner Schwiegertochter nach China zurück, um die Arbeit zu tun, die er so liebte. Zusammen segelten sie die Wasserwege im Inneren Chinas entlang und erzählten den Menschen von Jesus. Es gab kaum eine Stadt im Inneren Chinas, die nicht von Missionaren erreicht worden war, die Hudson angeworben und ermutigt hatte. Hudsons Traum war wahr geworden.

Das heutige China
Eine Nation, in der die Ernte reif ist.

China hat die größte Bevölkerungsdichte auf der ganzen Welt. – 114 Milliarden Menschen (oder fast ein Viertel der gesamten Weltbevölkerung).

Nach fast fünfzig Jahren kommunistischer Herrschaft ist das chinesische Volk über seine Regierung enttäuscht. In den achtziger Jahren gab es eine junge demokratische Bewegung. Aber am 4. Juni 1989 zerschlugen die alten kommunistischen Herrscher die friedlichen Demokraten in einem blutigen Massaker auf dem Tiananmen Platz in Beijing. Tausende von Studenten wurden erschossen.

Das Massaker von Tiananmen zerstörte jede Hoffnung auf schnelle politische Freiheit. Jetzt wenden sich immer mehr Menschen dem Christentum, der geistlichen Freiheit, zu. Ironischerweise wird zur Zeit in China die Anzahl der Mitglieder der kommunistischen Partei von der Anzahl Christen übertroffen. Viele junge Leute kommen zu den Hausgemeinden - 28.000 täglich. Bei diesem Tempo wird es jährlich 10 Millionen neue Christen geben. Bis zum Ende des Jahrtausends könnte die Zahl der Gläubigen in China 1 Milliarde übersteigen. Und diese Gläubigen sind Feuer und Flamme für Jesus, da sie für ihn gelitten haben und sogar gestorben sind.

Die vielen Bevölkerungsgruppen in China sind weltweit eine große Herausforderung für Gottes Kirche. Es gibt 55 »nationale Minderheiten«, die 91 Millionen Menschen ausmachen (8 % von Chinas Gesamtbevölkerung). Die meisten dieser Minderheiten haben noch nie vom Evangelium oder Jesus Christus gehört - und die, die schon etwas gehört haben, zählen immer noch zu den am wenigsten evangelisierten Völkern der Welt. (In einer solchen Gruppe, den verbannten Tibetanern, bei denen schon seit 150 Jahren Missionare tätig sind, hat es nur 100 Bekehrte gegeben.)

Wie können westliche Christen am besten ihren verfolgten Geschwistern in China helfen? Als erstes können wir dafür beten, daß Gott reife chinesische Führer und Lehrer beruft, die die neuen Christen unter ihre Fittiche nehmen können. Als zweites können wir Missionsgesellschaften, -rundfunkanstalten und -literatur finanziell unterstützen. Als drittes können wir selber gehen oder Englischlehrer und andere Fachkräfte nach China schicken. Die geistlichen Felder in China sind reif für die größte Ernte, die die Welt je gesehen hat.

Meilensteine in Hudson Taylors Leben

1832 (21. Mai) Hudson Taylor wird in Barnsley, Yorkshire, England geboren.

1849 (Juni) Persönliche Verpflichtung Jesus Christus gegenüber.

1850 (Mai) Beginnt medizinische Studien in Hull als Assistent bei Dr. Robert Hardey.

1853 (September) Segelt nach China, unterstützt von der Chinesischen Evangelisationsgesellschaft.

1854 (März) Landet in Schanghai.

1850-1864 Taiping-Rebellion in China, mit der Taylor oft in Berührung kommt.

1854-1855 Unternimmt zehn evangelistische Reisen.

1855 (Okt.-Nov.) Erstes Zuhause im »Inneren« Chinas.

1856 (Oktober) Lebt vorübergehend in Ningbo, wo er Maria Dyer kennenlernt, die seine Frau werden wird.

1857 (Juni) Verläßt die Chinesische Evangelisationsgesellschaft.

1858 (Januar) Heiratet Maria Dyer.

1859 (September) Übernimmt mit Maria das Krankenhaus von Dr. Parker in Ningbo.

1860-65 Wird krank und kehrt mit Maria und Tochter Grace nach England zurück. Die Familie wächst, drei Söhne werden geboren. Hudson befindet sich in einer geistlichen Depression. Er übersetzt das Neue Testament in den chinesischen Dialekt von Ningbo und versucht Missionare für China zu werben.

1865 (Juni) Hudson übergibt seinen Auftrag Gott. Er gründet die China-Inland-Mission und schreibt das einflußreiche Buch: Chinas geistliche Bedürfnisse und Ansprüche.

1866 (Mai) Die Familie Taylor segelt mit den ersten sechszehn Freiwilligen der China Inland Mission nach China.

1866 (Dezember) Die C.I.M. gründet ihren Hauptstützpunkt in Hangtschou, China.

1867 (August) Ältestes Kind, Tochter Grace, stirbt.

1868 Aufruhr in Hangtschou. Das Haus wird neuerrichtet und noch ein Sohn (ihr sechstes Kind) wird geboren.

1869 Schickt die vier ältesten überlebenden Kinder nach England zurück; ein Sohn (der 5-jährige Samuel) stirbt kurz vor der Reise.

1870 (Juli) Frau Maria stirbt kurz nach der Geburt eines Sohnes.

1871 Kehrt nach England zurück und heiratet Jenny Faulding, eine Missionarin und Freundin der Familie.

1872 (August) Gründet die Londoner Stelle der C.I.M.

1872 (Oktober) Kehrt mit Jenny, der zweiten Mrs. Taylor, nach China zurück.

1874-1875 Wird verletzt und kehrt nach En land zurück; Lähmung. Bittet um Gebete für 1 Missionare für die neuen Provinzen ohne Arbeiter.

1876-1878 Weite evangelistische Reisen durch das Innere Chinas.

1878 (Herbst) Jenny Taylor führt weibliche Mi sionare weit ins Innere Chinas.

1888 (Sommer) Hudsons erster Besuch in Nordamerika, um weitere Missionare für Chin zu werben.

1889 (November) Besucht Schweden, Norwe gen und Dänemark.

1890 (August) Besucht Australien.

1900 (Mai) Beginn des Boxer-Aufstands, bei dem Ausländer getötet werden.

1901 Tritt von der Führung der C.I.M. zurück. Achthundert Missionare von verschiedenen Kirchengruppen – fast die Hälfte aller Missiona re in China – sind mit der C.I.M.

1904 (Juli) Jenny Taylor stirbt in der Schweiz.

1905 (Februar) Hudson kehrt zum letzten Ma nach China zurück.

1905 (3. Juni) Hudson Taylor stirbt in China.

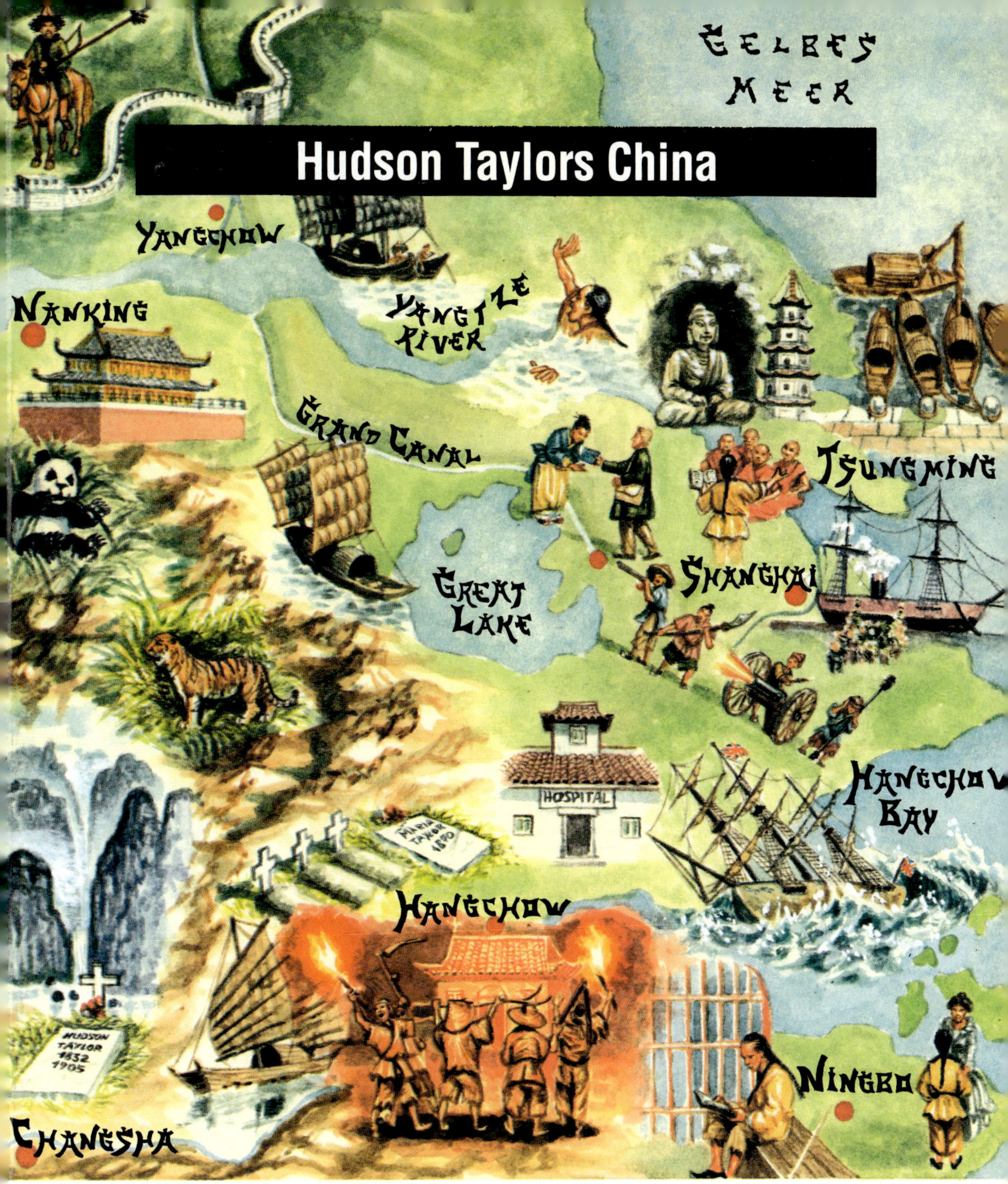

Literaturverzeichnis

Hudson Taylor – Abenteuer mit Gott (früherer Titel: Das geistliche Geheimnis Hudson Taylors), von Howard und Geraldine Taylor, 176 Seiten, Verlag der Liebenzeller Mission

Im Herzen Chinas – J. Hudson Taylor, ein Mann des Glaubens, von Roger Steer, 400 Seiten, Brunnen Verlag

Abenteuer mit Gott – Ein spannendes Hörspiel über den Chinamissionar Hudson Taylor (MusiCassette) Verlag der Liebenzeller Mission